PUBLICATIONS DU « KADIMAH »

Nº 1

LE NATIONALISME JUIF

PAR

BERNARD LAZARE

Prix : **25** Centimes

PARIS

En Vente : Chez Stock & Flammarion & à l'Association
des Etudiants israélites russes, 3, Rue du Petit-Moine

1898

LE NATIONALISME JUIF [1]

Nous sommes, réunis ici, des individus venus des pays les plus divers : de Russie et de Pologne, de Roumanie et d'Autriche, de France et d'autres contrées sans doute. Cependant nous ne formons pas une assemblée hétérogène ; il y a autour de nous une atmosphère au milieu de laquelle, quel que soit notre pays d'origine, nous nous mouvons avec une égale aisance.

Quel est donc le lien qui nous unit, et grâce auquel notre réunion est une réunion homogène ?

C'est notre qualité de Juif. De quelque ville, proche ou lointaine d'où nous venions, quelles que soient les conditions sociales auxquelles nous avons été ou nous sommes soumis, nous nous sentons frères parce que nous sommes Juifs. Il ne suffit pas cependant de constater ce fait, il faut en comprendre la signification.

En affirmant que je suis Juif au même titre que tel homme, habitant d'Odessa ou de Prague, de Bucharest, de Posen, ou de Varsovie, veux-je dire par là que j'ai la même foi, les mêmes croyances dogmatiques ou métaphysiques que cet homme dont je me sens le proche? En un mot, est-ce un lien religieux qui nous unit? En nous disant Juifs voulons-nous dire que nous avons une identique conception de la Divinité, et non seulement de cette divinité, mais encore du culte qui doit lui être rendu et même de la nécessité de ce culte ? Aucunement, et il y a parmi nous des israélites pratiquants, orthodoxes ou libéraux, sans doute des déistes, des panthéistes à la façon de Philon ou à celle de Spinoza, peut-être des positivistes et des matérialistes et assurément des athées. Etre Juif, cela ne veut donc pas dire être de la même religion. Je sais bien qu'on affirme communément le contraire et qu'on affecte de considérer comme ne faisant pas partie d'Israël tous ceux qui ne fréquentent pas les synagogues. C'est surtout dans les pays où les Juifs se consolent du mépris qui leur est témoigné par le fait qu'on a consacré leur émancipation, c'est sur-

<hr>

(1) Conférence faite à l'*Association des Et. Isr. r.*, le 6 mars 1897.

tout dans ces pays qu'on ne veut voir dans le judaïsme qu'une confession religieuse. Cela peut être une tactique, une politique, — celle de l'autruche — mais ce n'est pas l'expression de la vérité ! Dans ce cas particulier, il m'est sans doute permis de le dire ici, ce sont les antisémistes qui ont raison. Ils ne savent pas pourquoi, certes, et c'est simplement leur haine qui leur a donné une confuse clairvoyance, mais ils sont dans la vérité contre les journaux qui défendent l'orthodoxie. Le judaïsme comporte une religion — une religion nationale — mais il n'est pas seulement une religion et que peut répondre un orthodoxe, un Hassid, un talmudiste ou un de ceux qui répudient le nom de Juifs pour ne retenir que celui d'israélite à l'athée qui lui dira : « Je me sens juif ». C'est là un sentiment qui a sa valeur, tout au moins il existe et il est bon de se demander d'où il sort, sur quoi il s'appuie, quelles en sont les causes et la genèse.

A ces questions une réponse est faite à la fois par les philosémites et les antisémites. Ce qui unit entre eux tous les Juifs du monde, c'est qu'ils sont de même race. Cette affirmation ne soutient pas l'examen. Le Juif russe au nez écrasé, aux pommettes saillantes, aux yeux bridés, le Juif espagnol au nez recourbé, à la bouche charnue, le petit Juif brun au nez droit et le petit Juif roux d'Allemagne, ont-ils le même ancêtre, descendent-ils d'un même couple ? Non, mais on pourrait leur chercher des aïeux dans la Judée d'autrefois, et on retrouve leur effigie à la fois sur les bas-reliefs des Hittites et sur les fresques qui ornent les tombeaux des Pharaons. Il y a plusieurs types juifs, mais malgré les croisements et les mélanges, on peut soutenir, contre Renan, que la pérennité de ces types est incontestable. Si donc nous rectifions l'idée que philo et antisémites se font de la race juive, on peut dire que l'identité des origines, constitue déjà un lien entre les juifs.

Mais la croyance en cette communauté d'origine n'est pas suffisante pour nous unir. Est-ce uniquement la qualité qu'on nous attribue qui nous attache les uns aux autres ? Non, car c'est à cause de cet attachement qu'on nous accorde cette qualité.

Où puisons nous alors ce sens de notre unité, si je puis dire ? D'abord dans un passé commun, et un passé bien récent. Le Juif émancipé se conduit le plus souvent comme un parvenu, il oublie l'aïeul misérable dont il est issu. Alors que chacun s'ingénie à se chercher des ancêtres, il veut oublier qu'il en a eu un. Cet ancêtre lui fait peu d'honneur, c'était généralement un pauvre hère que l'on trai-

tait à peu près aussi bien qu'un chien, auquel on reconnais-
sait à peine le droit à la vie, et qui pâtissait doucement,
sordidement, avec une résignation d'une humilité peu
esthétique. Cependant, si ce Juif émancipé faisait soigneu-
sement son examen de conscience, il reconnaîtrait que l'humilité de l'aïeul est devenue chez lui de la platitude, sa résignation de la lâcheté, et que cependant l'excuse qu'avait le
petit Juif d'autrefois n'existe plus aujourd'hui. Parmi ceux
dont je parle, parmi les Juifs d'Occident, il en est aussi qui
ont essayé d'oublier ce passé vieux d'un siècle, pour pouvoir
s'assimiler aux nations au milieu desquelles ils se trou-
vaient. Sont-ils parvenus à effacer de leur esprit et de leur
cœur ce que dix-sept siècles y ont imprimé ? Qu'est-
ce que cent ans ? Est-ce suffisant pour abolir l'œuvre de
plusieurs millénaires ? Car, en parlant de dix-sept siècles,
je méconnais les milliers d'années pendant lesquelles se
forma ce peuple Juif que la colère de Rome et la haine de
la chrétienté ont semé sur toute la terre, comme un grain
rebelle. Si encore pendant ces cent ans, les animosités et
le mépris avaient disparu.

Et, si, malgré tout, ils veulent oublier, n'ont-ils pas
un vivant témoignage de ce jadis en voyant la condition
présente des Juifs roumains et des Juifs russes, des Juifs de
Perse et de ceux du Maroc. Je me souviens d'un jour où tout
ce tragique passé reparut devant moi. C'était à Amsterdam.
J'avais erré par les rues du ghetto, poursuivant l'ombre du
divin Spinoza et j'étais allé m'asseoir dans la vieille synagogue portugaise pour mieux évoquer l'image de celui
que la synagogue poursuivit. J'étais resté longtemps assis
sur le banc, devant le sanctuaire dont le bois, dit la
légende, vient de Palestine, en face de la plaque de
marbre où sont inscrits les noms des Espinoza. Quand je
sortis, je vis dans la cour de la synagogue un campement
de Juifs russes, et je me crus reporté aux âges d'autrefois,
où les troupes de Juifs fugitifs couraient les routes pour
échapper à la spoliation, au martyre et au bûcher. Tous
les siècles de misère, de désespoir, de résignation et
d'obstination héroïque revécurent et ce fut l'Ahasverus
légendaire, l'éternel et misérable vagabond que je crus
voir passer. Ce n'est certes pas l'anti-sémitisme contem-
porain qui rayera tout cela de nos mémoires. Et voilà
encore un lien vivace entre nous : une histoire commune.

Que comporte-t-elle, cette histoire ? Elle comporte
des traditions et des coutumes communes. Traditions et
coutumes n'ont pas également persisté, car beaucoup
d'entre elles étaient des traditions et des coutumes reli-
gieuses, néanmoins elles ont laissé leurs traces en nous,

elles nous ont donné des habitudes, plus même, une atti-
tude d'esprit semblable grâce à laquelle, malgré les diver-
gences individuelles nécessaires qui nous séparent et
doivent nous séparer, nous regardons les choses sous un
même angle. Outre ces traditions et ces coutumes, se
sont élaborés, au cours des âges, une littérature et une
philosophie. De cette philosophie et de cette littérature
nous avons été exclusivement nourris pendant de longues
années. Assurément, nous vivons actuellement, et beaucoup de Juifs d'autrefois vivaient sur un fonds d'idées
générales, idées humaines et universelles que les nôtres
ont contribués d'ailleurs à créer, mais nous possédons
certaines catégories d'idées et certaines possibilités de
sensations et d'émotions qui n'appartiennent qu'à nous
parce qu'elles naissent précisément de cette histoire, de
ces traditions, de ces coutumes, de cette littérature et de
cette philosophie.

Comment traduit-on ce fait pour un certain nombre
d'individus d'avoir passé, traditions et idées communes?
On le traduit en disant qu'ils appartiennent à un même
groupement, qu'ils ont une même nationalité. Et voilà ce
qui fait comprendre cette incontestable fraternité juive que
beaucoup cherchent à expliquer par des sentiments huma-
nitaires; mauvaise explication, puisque ces sentiments se
particularisent et que ceux qui veulent répudier leur qualité de Juif les oublient. Telle est la justification du lien
qui unit les Juifs des cinq parties du monde :

Il y a une nation juive.

Ce n'est pas la première fois que j'émets cette opinion.
Je l'ai développée il y a trois ans dans un livre que l'on
m'a beaucoup reproché. On m'a dit qu'en affirmant la
permanence et la réalité d'une nation juive, je me faisais
l'auxiliaire des antisémites. J'ai beaucoup réfléchi à ce
grief si grave et je persiste à rester sur ce point l'allié des
antisémites, comme on a bien voulu le dire; je suis leur
adversaire sur tant d'autres que je puis bien me permettre
d'appuyer par des raisonnements précis leurs confuses af-
firmations. Ce qui me choque en effet de la part des antisémites, ce n'est pas de les entendre dire : « Vous êtes
une nation! », ni même de les entendre affirmer que nous
sommes un état dans l'État, je trouve qu'il n'y a
pas assez d'états dans l'État, c'est-à-dire, pour préciser
mieux, qu'il n'y a pas assez, dans les États modernes, de
groupements autonomes et libres liés entre eux. L'idéal
humain ne me paraît pas l'unification politique ou intellectuelle. Une seule unification me semble nécessaire :
c'est l'unification morale. Ce qui me choque, car c'est

contraire à la vérité, c'est de montrer les Juifs comme une nation spécialement haineuse, corruptrice et perverse. Ce qui me choque, car c'est contraire à la justice, c'est de rendre, dans un but fort louche, les Juifs responsables de tous les maux sociaux.

Quant à ce fait qu'il y a une nationalité juive, serait-il constaté uniquement par les antisémites et repoussé par ceux des Juifs qui s'imaginent volontiers, les uns qu'ils étaient autrefois aux côtés d'Arminius dans la forêt de Teutobourg et les autres près de Vercingétorix à Alésia, ce ne serait pas pour moi une raison de le nier, puisque l'évidence l'impose. Si je regarde devant moi, je vois, je le répète, quelques millions d'êtres humains ayant été soumis pendant des siècles aux mêmes lois intérieures et extérieures, ayant vécu sous les mêmes codes, ayant eu mêmes idées, mêmes mœurs ; je constate que ces milliers d'individus se donnent encore le même nom, qu'ils se sentent encore unis et qu'ils ont conscience d'appartenir aa même groupement. Que puis-je convenablement conclure ? Que ces milliers d'individus forment une nation. On me dira que beaucoup d'entre eux se sont fondus, assimilés. Que signifie ceci ? N'y a-t-il pas, par exemple, des Allemands d'origine française et des Français d'origine allemande ? Cela empêche-t-il qu'il y ait une nation allemande et une nation française ? Certes, non, pas plus que cela n'empêche les critiques d'établir ce que tel auteur allemand doit à ses ascendants français et tel auteur français à ses ascendants allemands. La vérité est que, parmi les Juifs qui nient l'existence d'une nation juive, beaucoup sont poussés par la crainte des conséquences. Ce n'est pas chez eux — à de rares exceptions près — une opinion ou une conviction, c'est une diplomatie, et c'est parmi ceux-là — chose étrange — qu'on trouve le chauvin juif, celui qui dit : « Voilà ce qu'on ne voit pas chez les Juifs. » Ou : « Voici qui ne peut se trouver que chez les Juifs ». En réalité on trouve chez les Juifs la même somme de vertus et la même somme de vices et d'infamies que chez tout autre peuple. N'est-ce pas naturel ?

Si on examine maintenant cette nation juive, on constate qu'elle est, elle aussi, divisée en classes. Je ne parle pas de la noblesse juive, elle vient du saint Empire, mais il y a une grande bourgeoisie financière, industrielle et commerciale, une petite bourgeoisie intellectuelle et trafiquante, et un immense prolétariat juif. De même y a-t-il des Juifs conservateurs, des Juifs « juste-milieu » et des Juifs socialistes et révolutionnaires. On n'observe pas très bien ici, en Occident, ces division des Juifs, mais

on peut les remarquer partout où il y a des agglomérations
juives constituées en communautés. Ainsi en Galicie,
où, par suite du développement de l'individualisme de la
bourgeoisie juive, une partie de la classe moyenne des
courtiers et des boutiquiers a été rejetée dans les rangs
du prolétariat, prolétariat que cette même bourgeoisie
maintient dans un état de misère et d'affaiblissement in-
croyables et à côté duquel s'est constitué une classe de
sans-travail juifs dont le nombre s'accroît tous les jours.
N'en est-il pas de même en Russie ? N'y voyons-nous pas
le bourgeois juif du haut commerce, de l'industrie et de la
finance jouir d'une situation privilégiée, tandis que toutes
les lois d'exception, les persécutions et les massacres retombent sur les ouvriers, les artisans et encore les sans-
travail. Si nous passons à Londres, parmi cette colonie de
Juifs refugiés, accourus de Russie et de Pologne, ne
trouvons-nous pas aussi des classes bien nettes ? Alors
que sévissait le sweating système, encore existant d'ailleurs, quoique dans de moindres proportions, n'a-t-on pas
constaté que les swetters, les patrons qui exploitaient de
la façon la plus rude les ouvriers de l'East End, étaient
des patrons juifs ? Il n'en est pas autrement aux Etats-
Unis, où deux cent mille Juifs croupissent à New-York
dans une indescriptible misère ; en Algérie, en Roumanie,
où les Juifs sont soumis au régime que vous connaissez,
régime exclusif de toute liberté. Partout, les Juifs sont
divisés en une minorité bourgeoise possédante et une
majorité prolétarienne.

Mais je n'ai pas ici à développer ce point de vue. Je
pense avoir suffisamment établi ce que j'avais à établir,
c'est-à-dire que les Juifs constituent une nation. C'est
d'ailleurs parce qu'ils sont une nation que l'antisémitisme
existe. Assurément, et on ne saurait trop insister à-des-
sus, le préjugé religieux se trouve à la base de la haine
contre Israël, mais ce préjugé religieux implique
en même temps l'existence de ce peuple juif sur
lequel depuis dix-neuf cents ans retombent les anathèmes
de l'Eglise. Supposez que le christianisme n'eût pas
existé et que la diaspora se fût produite, les Juifs, nation
sans territoire, peuple répandu parmi les peuples, eussent
provoqué quand même l'antijudaïsme. Il eût sans doute
été moins violent, et encore cela n'est pas certain, car le
judaïsme serait entré aussi bien en conflit avec d'autres
principes religieux, comme cela s'est produit à Alexandrie
et à Rome. Il y aurait eu le déicide en moins, voilà tout.

Je viens de dire que la cause de l'antisémitisme était
l'existence des Juifs en tant que nationalité. Quels sont

maintenant les effets de cet antisémitisme ? C'est de rendre
cette nationalité plus tangible pour les Juifs, c'est de
rendre plus forte pour eux la conscience qu'ils sont un
peuple.

Quelle était encore il y a une trentaine d'années la situation des Juifs du globe ? On les divisait en Juifs émancipés et en Juifs soumis aux lois d'exception. Un grand
nombre de Juifs placés sous le régime de la persécution
avaient pour idéal la condition des Juifs émancipés et la
majeure partie des Juifs émancipés tendait à se désenjui-
ver, à se détacher de la masse juive encore en servage
avec laquelle elle prétendait n'avoir plus d'attaches
autres que celles que lui commandait l'humanité.

Nous n'en sommes plus au même point. Il y a cent ans
en France, moins encore en Allemagne, en Autriche et en
Angleterre, que les Juifs d'Occident ont été libérés. On
a détruit les barrières matérielles, qui les séparaient de la
société chrétienne, on leur a permis d'exercer leurs droits
d'homme. Il y a eu un âge d'or pour les Juifs, un âge où
tous les rêves ont pris leur essor ; tous les rêves, toutes
les ambitions, tous les appétits. Qu'est-il arrivé ? Une petite portion, la portion possédante des Juifs s'est ruée à
l'assaut des jouissances dont elle avait été sevrée
pendant de si longs siècles. Elle s'est pourrie au contact
du monde chrétien, qui a exercé sur elle la même action
dissolvante que les civilisés exercent sur les sauvages
auxquels ils apportent l'alcoolisme, la syphilis et la tuber-
culose. Ainsi, il est évident, que la classe dite supérieure
chez les Juifs d'Occident et principalement chez les Juifs
de France est dans un état de décomposition fort avancé.
Elle n'est plus juive, elle n'est pas chrétienne, et elle
est incapable de substituer une philosophie, encore
moins une libre morale, au credo qu'elle n'a plus.
Alors que la bourgeoisie chrétienne se maintient debout
grâce au corset de ses dogmes, de ses traditions, de sa
morale et de ses principes conventionnels, la bourgeoisie
juive, privée de ses étais séculaires, empoisonne la nation juive de sa pourriture. Elle empoisonnera les autres
nations tant qu'elle ne se décidera pas — ce à quoi nous ne
saurions trop l'engager — à adhérer au christianisme des
classes dirigeantes, et à débarrasser ainsi le Judaïsme.

Or, pendant que cette catégorie songeait à acquérir la
fortune, les dignités, les honneurs, les décorations et les
places, pendant que la petite bourgeoisie juive se déve-
loppait intellectuellement, on travaillait à réédifier l'an-
cien ghetto. Selon les circonstances économiques et po-
litiques, l'antisémitisme naissait, mais ces circonstances

n'en étaient, il faut bien le marquer, que les causes effi-
cientes, propres à réveiller les antiques préjugés. A quoi
tendait l'antisémitisme ? A restaurer les législations anciennes contre Israël, mais ce but qu'il s'était assigné,
était un but idéal. Quel but réel et pratique a-t-il atteint ?
Il n'est pas arrivé et n'arrivera sans doute pas, en France,
en Autriche et en Allemagne, à rebatir de nouveau des
quartiers distincts, ni à enfermer les Juifs dans un territoire spécial comme en Russie, mais, grâce à lui, on a à
peu près reconstitué un ghetto moral. On ne cloître plus
les Israélites en Occident, on ne tend plus de chaines aux
extrémités des rues qu'ils habitent, mais on crée autour
d'eux une atmosphère hostile, une atmosphère de défian-
ces, de haines latentes, de préjugés inavoués et d'autant
plus puissants, un ghetto autrement terrible que celui auquel on pourrait échapper par la révolte ou par l'exil.
Même quand cette animosité se dissimule, le Juif intel-
ligent la perçoit, il sent désormais une résistance, il a
l'impression d'un mur dressé entre lui et ceux au milieu
desquels il vit.

Que peut-on à l'heure actuelle montrer au Juif de l'Europe
Orientale, qui désirait si vivement conquérir la situation de
ses frères occidentaux ? On peut lui montre le Juif paria.
N'est-ce pas là pour lui un bel idéal à atteindre? et que
lui dira-t-on s'il déclare simplement ceci : « Ma situation
est abominable, j'ai des obligations et je n'ai pas de droits;
on me réduit à une misère et à un abaissement effroyables.
Quel remède me proposez-vous ? L'émancipation? Que
me donnera votre émancipation? Elle me placera dans
des conditions sociales qui me permettront de m'affiner;
grâce à elle, j'acquerrai des capacités nouvelles de sen-
tir, et par suite une plus grande difficulté à pâtir ; elle
développera chez moi une sensibilité plus grande et en
même temps elle ne fera pas disparaître les choses qui
blessent cette susceptibilité, au contraire. D'un misérable
que sa misère engourdit parfois, elle fera un être subtil
qui sentira doublement toutes les piqûres, et dont l'existence deviendra par conséquent mille fois plus insuppor-
portable. D'un paria souvent inconscient, elle fera un paria conscient. Quels avantages retirerai-je de ce change-
ment de condition ? Aucun. Par conséquent, je n'ai que
faire de votre émancipation, elle n'est ni une garantie, ni
une assurance, ni une amélioration ».

Pour rétorquer l'argument, il faudrait un nationaliste ;
mais si un Juif venu de Russie tenait ce langage à un Juif
français, je ne vois pas trop ce que celui-ci pourrait lui répondre. Il ne le convierait même pas sans doute à cher-

cher avec lui les moyens de combattre l'antisémitisme,
car il n'y songe en aucune façon. En général il plie,
reçoit les coups et pense à l'âge futur où on lui fera meil-
leure figure dans le monde. En cela seulement il est
chrétien ; quand on le frappe sur la joue droite, il tend la
gauche, et même l'échine.

Laissons si vous le voulez bien les Juifs de France. Ils
sont les meilleurs agents de l'antisémitisme. Au lieu de réa-
gir contre leurs ennemis, ce qui rehausserait leur dignité
personnelle, accentuerait leur personnalité intellectuelle
et morale, ils s'évertuent — à de rares exceptions près —
à développer leur acceptation passive du mal et leur lâcheté. Ils préconisent la politique du silence et attendent
tout du temps. L'exemple des Juifs d'Autriche leur semble bon à suivre et ils marchent sur leurs traces. Laissons
les donc en attendant que nous puissions les remuer. Ils
sont une minorité infime; qu'est-ce que cent mille juifs,
alors que plus de six millions patissent dans le monde ?
Cent mille seraient une force incalculable s'ils étaient une
élite, mais ils sont un rebut et un déchêt, sauf une mince
couche prise dans la petite bourgeoisie, qui n'a pas encore
pris conscience de la situation nouvelle qui lui est faite
par l'existence de l'antisémitisme et par son développement. Voyons plus haut. Aujourd'hui la question
juive se pose avec plus de force que jamais. De tous
cotés on lui cherche une solution. Il ne s'agit plus
en réalité de savoir si l'antisémitisme doit ou non gagner
des sièges dans les Parlements, il s'agit de savoir quel doit
être le destin des millions de Juifs disséminés aux quatre
coins du globe; tel est le vrai problème.

Tant que le christianisme existera, les Juifs, répandus,
parmi les peuples, susciteront les haines et les colères, et
la condition qui leur sera faite sera, soit matériellement,
soit moralement, inférieure ; qu'ils ne puissent jouir de
leurs droits de citoyens ou d'homme, ou qu'ils soient en
butte à une certaine forme du mépris, le résultat est le même.
Quelle solution à cela ? L'anéantissement du christianisme ?
Voilà un idéal fort lointain malheureusement, et en attendant, que faire. Je sais bien que pour les peuples chrétiens
il y aurait la solution arménienne, mais leur sensibilité ne
peut leur permettre d'envisager cela. D'autre part, il n'est
pas possible que nous, Juifs, nous acceptions des conditions d'existence incompatibles avec notre dignité d'hommes. Nous avons le droit de nous développer de toutes
manière, il faut que ce droit nous soit garanti de façon ef-
fective, il faut, puisque je laisse de côté la grande majorité des Juifs émancipés, qui se trouvent sans doute bien, ce

dont je ne les loue pas, il faut savoir quel sera le remède à apporter aux millions de Juifs non émancipés. Je ne pense pas qu'il soit légitime de compter avec une transformation économique et sociale. D'abord cette transformation que je souhaite, et à laquelle j'aiderai autant que je le pourrai, me semble encore éloignée, hélas ! Il ne m'est pas prouvé ensuite, qu'elle amènerait pour les Juifs des conditions meilleures. Je crois qu'un jour l'humanité sera une confédération de groupements libres, et non organisés suivant le système capitaliste ; de groupements libres dans lesquels la distribution de la richesse et les relations du travail et du capital seront tout autre qu'elles sont aujourd'hui. Encore faut-il permettre à ces groupements de se constituer, de se former. Pourquoi les Juifs n'en formeraient-ils pas un ? Je ne vois rien qui s'y oppose et c'est dans le développement du nationalisme juif que je vois la solution de la question juive.

Si telle est votre conviction, me dira-t-on, pourquoi avez-vous combattu ici l'antisémitisme, pourquoi avez-vous engagé un combat dont vous savez ne pas sortir victorieux ? J'ai combattu et je combattrai encore l'antisémitisme, parce que j'estime que le devoir de tout être humain attaqué est de se défendre. L'individu qui renonce à résister et qui ne sait pas se servir des armes cu'il a à sa disposition, cet individu abdique sa personnalité, consent à l'esclavage et par conséquent mérite de disparaître. Il est bon de combattre l'antisémitisme, ne serait-ce que pour jouir des bénéfices de la paix armée et d'après le principe que les droits d'un belligérant sont plutôt reconnus que ceux d'un serf qui se soumet. Le juif qui ne se lève pas devant l'antisémisme, s'enfonce d'un degré dans l'abjection morale.

Ceci dit, il faut que j'examine quel avantage apporterait aux Juifs une constitution en nation et enfin, comment le nationalisme que je viens de préconiser peut s'accorder avec les idées socialistes qui ont été, sont et resteront mes idées ? Quant aux moyens, par lesquels on créera définitivement cette nation-juive, je n'ai pas à m'en occuper pour le moment.

Comment doit-on considérer le nationalisme ? Il est pour moi : l'expression de la liberté collective et la condition de la liberté individuelle. J'appelle nation, le milieu dans lequel l'individu peut se développer et s'épanouir d'une façon parfaite. Justifions ces définitions.

S'il est une chose indéniable, c'est l'existence entre un certain nombre d'êtres humains, d'affinités spéciales. Quelles que soient les raisons et les causes qui ont fait naître ces affinités, elles existent. Quand, comment sont-elles nées ? Pour le déterminer, il faudrait plonger dans les plus obscures profondeurs de l'histoire, et nous ne les constatons que lorsque les êtres qui en sont doués, sont constitués en groupes. De ce jour d'ailleurs, ces affinités se renforcent, elles se précisent, grâce à elles, la personnalité du groupement se crée. Par suite de la réaction de la collectivité sur les individus qui la composent, l'individu, grâce à ces affinités, grâce au milieu favorable qu'elles lui ont permis d'établir, acquiert à son tour une personnalité, et sert alors à accroître les caractères du groupe dont il fait partie. Petits ou grands, ces groupements sont des nations.

Q'appelle-t-on une nation libre ? On appelle ainsi une nation qui peut se développer matériellement, intellectuellement et moralement sans qu'aucune entrave extérieure soit mise à son développement. Si une nation, par voie de conquête ou de tout autre façon fait entrer une autre nation dans sa dépendance, il ne restera de cette seconde nation qu'un nombre quelconque d'individus dénationalisés, c'est-à-dire ne pouvant plus exprimer leur forme spéciale d'esprit collectif, c'est-à-dire ayant perdu leur liberté collective.

Qu'arrive-t-il de ces individus eux-mêmes? Ils sont des vaincus, des conquis, par conséquent sont placés dans un état d'infériorité, et s'ils n'acceptent pas de disparaître, ils perdent leur liberté propre. Que ne disparaissent-ils, dira-t-on, pourquoi restent-ils attachés aux formes anciennes qu'ils ont représentées à un moment de la durée? Ce sont là des questions oiseuses. Tout au plus pourrait-on dire en réponse que seuls les groupes humains encore amorphes n'ayant que des caractères imprécis et une vague conscience d'eux-mêmes, sont susceptibles de se laisser absorber.

Les groupes fortement constitués et homogénéisés, ayant des caractères arrêtés et une nette conscience d'eux-mêmes, résistent forcément. Il en est des collectivités comme des hommes, les faibles cèdent, les forts persistent. Quoi qu'il en soit, nous sommes en présence d'un fait historique ; le maintien, et la survie, au milieu des nations, de certains individus appartenant à des nationalités différentes, c'est-à-dire ayant conservé des formes d'être différentes des formes de ceux qui les entourent. Ces individus par cela seul qu'ils ont résisté subissent une contrainte, les peuples ayant une tendance fatale à réduire les éléments hétérogènes qui existent parmi eux. Leur liberté est donc diminuée, et s'ils s'obs-

tinent à ne pas céder, quel sera l'unique condition de leur
liberté individuelle ? Ce sera la conquête de la liberté collective qu'ils ont perdu, c'est-à-dire la renaissance de
leur nationalité. Cette contrainte les empêche également
de donner tout ce qu'ils ont en eux, une partie de leurs
forces étant dépensée dans cette résistance, dans cette
lutte qui leur permet uniquement de garder leur puissance
de développement, sans que ce développement se puisse
effectuer. C'est encore la reconstitution de leur nationalité
qui leur donnera la faculté de s'épanouir.

N'est-ce pas actuellement le cas de ces Juifs russes, ou
roumains, etc., dont je parle ? Sont-ils susceptibles,
étant donné l'état dans lequel on les maintient de donner
la mesure de ce qu'il peuvent produire? N'en sera-t-il pas
de même demain pour les Juifs occidentaux, quand ils
seront dans l'obligation d'employer leur énergie au combat contre l'antisémitisme, éternel combat, lutte perpé-
tuelle, faite de victoires et de désastres, propre à épuiser
la minorité qui la soutient.

Que signifie pour le Juif le mot nationalisme, ou plutôt
que doit-il signifier? Il doit signifier liberté. Le Juif qui
aujourd'hui dira : « Je suis un nationaliste », ne dira pas
d'une façon spéciale, précise et nette, je suis un homme
qui veut reconstituer un État juif en Palestine et qui rêve
de conquérir Jérusalem. Il dira : « Je veux être un homme
pleinement libre, je veux jouir du soleil, je veux avoir
droit à ma dignité d'homme. Je veux échapper à l'oppres-
sion, échapper à l'outrage, échapper au mépris qu'on
veut faire peser sur moi ». A certaines heures de l'histoire,
le nationalisme est pour des groupes humains la manifes-
tation de l'esprit de liberté.

Suis-je ainsi en contradiction avec les idées internationalistes ? Aucunement. Comment m'accorderai-je
donc avec elles? Simplement en me gardant de donner aux
mots une valeur et un sens qu'ils n'ont pas. Quand les
socialistes combattent le nationalisme, ils combattent en
réalité le protectionisme et l'exclusivisme national; ils
combattent ce patriotisme chauvin, étroit, absurde, qui
conduit les peuples à se poser les uns en face des autres
comme des rivaux ou des adversaires décidés à ne s'accorder ni grâce ni merci. C'est là l'égoïsme des nations
aussi odieux que l'égoïsme des individus et aussi méprisable. Que suppose maintenant l'internationalisme? Mais
il suppose évidemment des nations. Que signifie être
internationaliste? Cela signifie établir entre les nations
des liens non pas d'amitié diplomatique, mais de fraternité
humaine. Être internationaliste, cela veut dire abolir la

constitution énonomico-politique des nations actuelles, car cette constitution n'est faite que pour défendre les intérêts privés des peuples, ou plutôt de leurs gouvernants, aux dépens des peuples voisins ; supprimer les frontières, ce n'est pas faire un unique amalgame de tous les habitants du globe. Une des conceptions familières du socialisme international et même de l'anarchisme révolutionnaire, n'est-elle pas la conception fédérative, la conception d'une humanité fragmentée, composée d'une multitude d'organismes cellulaires. Il est vrai que dans son développement idéal cette théorie conçoit que les cellules qui se grouperont ainsi se grouperont en vertu d'affinités qui ne seront nécessités par aucune tradition ethnologique, religieuse ou nationale. Mais cela importe peu puisqu'elle admet des groupes. Nous n'avons d'ailleurs à considérer que le présent, et le présent nous commande de chercher les moyens les plus propres à assurer la liberté aux hommes. Or, actuellement, c'est en vertu de principes traditionnels, que les hommes veulent s'agréger. Ils invoquent pour cela certaines identités d'origine, leur commun passé, des façons semblables d'envisager les phénomènes, les êtres et les choses ; une histoire, une philosophie commune. Il est nécessaire de leur permettre de se réunir.

Autre objection. En favorisant le développement du nationalisme, disent certains socialistes, vous contribuez à l'union des classes de telle façon que les travailleurs oublient la lutte économique en se liant à leurs ennemis. Ce n'est pas certain? Cette union n'est généralement que temporaire et, chose à remarquer, ce ne sont pas le plus souvent les possédants qui l'imposent aux pauvres et aux travailleurs, ce sont ceux-ci qui obligent les riches à marcher avec eux. D'ailleurs, n'est-il pas nécessaire pour la masse misérable des Juifs travailleurs, qu'avant de pouvoir échapper à sa misère prolétarienne, elle possède sa liberté, c'est-à-dire la possibilité de combattre et de vaincre. Le problème se posera bien le jour, par exemple, où on refusera l'accès de quelques pays aux Juifs qui quittent la Russie.

Je ne vois rien là qui soit contraire à l'orthodoxie socialiste, et moi, qui ne suis orthodoxe en rien, je ne répugne pas du tout à admettre le nationalisme à côté de l'internationalisme. Je trouve au contraire que pour que l'internationalisme s'établisse, il faut que les groupes humains aient au préalable conquis leur autonomie; il faut qu'ils puissent s'exprimer librement, il faut qu'ils aient conscience de ce qu'ils sont.

Je sais bien qu'on me fera un autre reproche. Au moment où tout s'unifie, me dira-t-on, vous prétendez diviser. Il faut s'entendre. Que veut-on dire quand on parle de l'unification ou de l'homogénéité humaine. On veut dire que, d'une part, grâce à des causes économiques qui permettent des pénétrations plus faciles ; d'autre part, grâce à des causes intellectuelles, les différences qui, jadis, séparaient les peuples deviennent moins saillantes. Un même degré de culture s'établit, parce qu'un même état social se manifeste, et encore faut-il restreindre cela à quelques nations occidentales et du Nouveau-Monde. On veut dire aussi que le domaine des idées communes s'élargit chaque jour, qu'une communion s'établit, par-dessus les frontières, entre les individus possédant ce maximum de connaissances qui place les intelligences sur le même plan, et que le nombre de ces individus s'accroît chaque jour. C'est là une constatation ; faut-il en tirer, comme conséquence une sorte de dogme qui enjoindrait de tout faire pour uniformiser les hommes ? Je n'en vois pas l'utilité. Rien ne me paraît si nécessaire pour l'humanité que la variété. Ceux qui disent le contraire commettent une grave erreur, ou, pour mieux dire, ils oublient une chose capitale. L'humanité pour eux est une expression anthropologique, une expression politique, ou une expression économique ; elle doit cependant être encore autre chose : elle doit être une expression esthétique. Pour qu'elle ne cesse pas de l'être, il faut premièrement maintenir en elle cette variété. Les hommes ont à leur disposition un certain nombre d'idées générales, qui appartiennent au trésor de l'espèce. Mais chaque individu a une façon particulière d'exprimer ces idées générales et ces conceptions. De même pour les groupes d'individus ; ils rendent la beauté différemment, ils ont une plastique qui n'est pas la même ; la matière qu'ils ont à leur disposition, la matière commune, ils la rendent harmonique de diverses façons. La richesse humaine est faite de ces variétés. Ainsi tout groupe humain est nécessaire, il est utile à l'humanité, il contribue à mettre de la beauté dans le monde, il est une source de formes, de pensées, d'images. Pourquoi caporaliserait-on le genre humain, pourquoi le ferait-on se courber sous une règle unique, en vertu de quoi lui imposerait-on un canon dont il ne devrait pas s'écarter ?

D'ailleurs la plupart des socialistes, même internationalistes, sont-ils bien conséquents avec eux-mêmes, conforment-ils leurs actes à leurs doctrines ? Ne demandent-ils pas maintenant, et ils ont raison, l'autonomie des

Cubains, celle des Crétois, celle des Arméniens ? Ne reconnaissent-ils pas que tous ont le droit de lutter pour leur liberté et ne confondent-ils pas cette liberté avec la revendication de la nationalité ?

Pourra-t-on me dire en quoi les Juifs sont différents ? Est-ce parce qu'ils sont depuis plus longtemps privés de leur sol ? Parce qu'un sépulcre remplace le Temple ? Parce que leur servage dure depuis plus longtemps ? Qu'importe puisqu'ils ont persisté. L'accumulation des malheurs, des tortures, des mépris, des haines est-il un moindre titre à la sympathie ? Ah ! je sais bien, le pauvre Juif qu'on frappe et qu'on massacre, celui qu'on opprime, tous ces misérables doivent expier le crime commis par ceux — les romains — qui en crucifiant un homme créèrent un dieu, et ce peuple qui, malheureusement pour lui, a enfanté une divinité doit être traité comme un peuple de déicides.

Cependant les temps devraient être révolus où le vagabond pourrait trouver un asile, appuyer sa tête lourde et étendre ses membres las. Combien de siècles se sont écoulés depuis le jour ou le vieil Ezéchiel, implorant son Dieu, lui disait : « Aie pitié d'Oholibah errante », cette Oholibah fornicatrice, qu'était Jérusalem pour sa colère de prophète. Comme en ces âges lointains, les Juifs errent encore sur les chemins du globe, combien de temps encore erreront-ils ainsi ? Tous les ans, quand vient le soir de Pâques, ceux d'entre eux qui ont conservé leur foi, psalmodient à trois reprises le souhait consacré : « *Lechanah haba Ierouchalaïm* ». J'imagine que, pour ceux qui gémissent encore dans quelque ghetto, comme pour les aïeux du moyen-âge, ces paroles veulent dire : « L'année prochaine nous serons dans un pays de liberté, nous serons des hommes, il nous sera permis de vivre sous le clair soleil qui est à tous, sauf à nous ».

Les Juifs d'Occident ont perdu la signification de ces paroles, mais ils la retrouveront plutôt peut-être qu'ils ne le croient, quand le pays qu'ils habitent sera devenu pour eux semblable à l'antique pays de Mizraîm. Que dès maintenant, ils sachent qu'ils ne doivent pas attendre un secours du ciel, ou bien l'aide de puissants alliés. Les Juifs ne trouveront de salut qu'en eux-mêmes. C'est par leur propre force qu'ils se libéreront, qu'ils reconquerront cette dignité qu'on leur aura fait perdre. Et quelle solution verront-ils alors devant eux? La partie méprisable et vile, sans convictions et sans autre mobile que son intérêt personnel se convertira; elle n'aura pas pour cela à vaincre des scrupules. Que feront les croyants et que feront les incroyants qui ne se résigneront jamais à la palinodie, ils sentiront plus fortement qu'ils seront libres, eux, individus, quand la collectivité à laquelle ils appartiennent sera libre, quand cette nation sans territoire qu'est la nation juive, aura un sol et pourra sans contrainte disposer d'elle.

Ce sont là vos chères idées, à vous tous qui m'avez fait l'honneur de m'appeler parmi vous, vos chères idées et votre cher idéal. Vous avez raison, vous vous grandissez vous-mêmes, vous élargissez votre esprit et votre cœur. Vous voulez être vous mêmes, est-il rien de plus légitime et de plus haut? Et vous avez cela de beau aussi, c'est que vous avez la conscience de ne pas travailler pour vous. Vous n'êtes pas les ouvriers d'aujourd'hui, mais les ouvriers de l'avenir. C'est pour cela que j'ai été heureux de vous apporter ma sympathie et ma fraternité. Mais en finissant, il me reste encore ceci à vous dire : N'oubliez jamais que vous avez été le peuple qui a introduit, comme l'a dit Renan, la justice dans le monde, et faites-vous pardonner d'avoir donné un dieu aux hommes, en étant toujours les soldats de la justice et de la fraternité humaine.

Bernard LAZARE.

Paris. — Impr. A. Reiff, 3, rue du Four.

KADIMAH

Organe pour l'Emancipation nationale du Peuple juif

REVUE BI-MENSUELLE

Le NUMÉRO-SPÉCIMEN est envoyé Gratis sur demande

Adresser les demandes, 3, rue du Petit-Moine
AUX BUREAUX DE LA REVUE « KADIMAH »

Paris. — Imp. A. Reiff, 3, rue du Four.

Défauts constatés sur le document original

Contraste insuffisant ou différent, mauvaise qualité d'impression

Under-contrast or different, bad printing quality

Texte manquant ou pris dans la reliure; reliure trop serrée

Missing text or text caught in the book-binding; too tight book-binding

www.ingramcontent.com/pod-product-compliance
Ingram Content Group UK Ltd.
Pitfield, Milton Keynes, MK11 3LW, UK
UKHW020013130726
13694UKWH00005B/2258